LES
REVENANS,
COMÉDIE-PARADE.

A VERSAILLES, chez LEBLANC, Imprimeur-Libraire.

LES REVENANS,

COMÉDIE-PARADE

EN UN ACTE ET EN PROSE,

MÊLÉE DE VAUDEVILLES,

PAR LE C.EN L. P. SÉGUR L'AINÉ;

Représentée pour la première fois au Théâtre du VAUDEVILLE, le 27 Germinal an 6.

A PARIS,

Chez HUET, Libraire, rue Vivienne, N.º 8.

AN 6.e — 1798.

COUPLET D'ANNONCE.

Air *du petit matelot.*

Souvent, grâce à notre folie,
Les morts ont fait peur aux vivans ;
Etant enfans, je le parie,
Vous aviez peur des revenans :
Si le courage est nécessaire,
Aujourd'hui ce n'est que pour nous ;
Car ici, par un sort contraire,
Les revenans ont peur de vous.

PERSONNAGES.	ACTEURS.
CASSANDRE, Père d'Argentine,	C.ens CHAPELLE.
ARGENTINE, Fille de Cassandre,	BLOSSEILLE.
SCAPIN, Ami de Cassandre,	LE NOBLE.
ARLEQUIN, Amant d'Argentine,	LA PORTE.
GILLE, Amoureux d'Argentine,	C.ennes LEGER.
ROSETTE, Femme de Gille,	HÉLÈNE.

La Scène se passe à Bergame, dans la maison de Cassandre, où logent Gille et Scapin.

LES REVENANS,

COMÉDIE - PARADE.

Le Théâtre représente un Salon.

SCÈNE PREMIÈRE.

CASSANDRE, et SCAPIN (*une lanterne à la main*).

CASSANDRE.

Je vous remercie, mon cher Scapin, d'avoir bien voulu m'éclairer.

SCAPIN.

Il est bien naturel, entre voisins, de se rendre ces petits services ; mais qu'avez-vous ? je vous trouve l'air bien triste, ce soir.

CASSANDRE.

Ah ! Scapin, les pères de famille ont de

CASSANDRE.

Ma fille Argentine me désole ; au-lieu de prendre un mari selon mon goût, elle s'entête comme une petite folle à pleurer son amant Arlequin que j'ai chassé d'ici, et qui vient de mourir en France.

SCAPIN.

Elle ne pleurerait pas tant s'il avait été son mari.

CASSANDRE.

Je crois qu'elle me fera perdre la tête.

SCAPIN.

Ah ! mon cher Cassandre, quelle perte vous feriez là !

CASSANDRE.

Vous savez combien je désirerais que ma fille épousât Gille, malgré ce que l'on m'a raconté de lui ; car on dit qu'il a divorcé et abandonné sa femme ; on ajoute qu'elle lui avait donné son bien, et qu'elle est morte de chagrin.

SCAPIN.

C'est une fable : Gille assure qu'il n'a jamais été marié, et il est trop bête pour être menteur.

CASSANDRE.

Quoiqu'il en soit, je n'ai rien à craindre : il est riche ; et me croyant bien vieux, il consent à épouser Argentine, sans dot.

SCAPIN.

C'est un excellent mariage pour vous.

CASSANDRE.

Gille est le gendre qu'il me faut.

SCAPIN.

Mais autrefois la figure noire et la gaîté d'Arlequin vous plaisaient assez.

CASSANDRE.

Fi ! c'était un mauvais sujet : il s'était laissé voler, par je ne sais qui, mille écus qui composaient tout son bien ; dès que je l'ai su, comme je suis juste, je l'ai chassé d'ici, et je lui ai défendu de jamais revoir ma fille.

SCAPIN.

Ce pauvre diable a été courir en France, d'où on nous écrit qu'il est mort. Dieu veuille avoir son âme, et Gille, sa maîtresse ! mais actuellement il ne doit plus vous inquiéter.

CASSANDRE.

Et si fait, morbleu ! il m'inquiète de

toutes façons ; premièrement , comme j'ai occupé dès l'instant de son départ cette chambre où il couchait, depuis que je sais qu'il est mort, je sens là....D'ailleurs j'entends souvent remuer derrière la boiserie ; ... mais n'allez pas croire que je suis un poltron.

SCAPIN.

Oh ! le courage des Cassandre est connu depuis long-tems.

CASSANDRE.

Air *du Menuet d'Exaudet.*

Si le vent,
En sifflant
Dans ma porte,
Fait un long gémissement,
Je crois qu'un revenant
Me menace et m'emporte.
Je crois voir
Le teint noir
Et l'œil sombre
D'un fantôme qui paraît ;
Je tremble et vois que c'est
Mon ombre.

SCAPIN.

Cela prouve que les esprits-forts ne sont point exempts de faiblesses.

CASSANDRE.

L'autre sujet d'inquiétude que ce diable

d'Arlequin me donne, c'est que ma fille ne songe qu'à pleurer sa mort, et ne veut pas entendre parler de Gille.

SCAPIN.

Ne vous découragez pas.

AIR : *J'ons un curé patriote.*

Croyez-vous donc qu'Argentine
Puisse aimer long-tems un mort :
Moi, quand j'observe sa mine,
Je ris de ce vain effort ;
Sa flamme sans aliment
Va s'éteindre promptement ;
Son œil noir
Me fait voir
Qu'il faudra que son amant
Prouve souvent
Qu'il est vivant.

CASSANDRE.

Mais elle déteste Gille.

SCAPIN.

Vous avez pour vous l'autorité paternelle; quand vous le voudrez , tout sera bientôt conclu.

CASSANDRE.

J'ai du caractère, tant qu'on ne me résiste pas ; et lorsqu'Argentine pleure , je suis tout attendri ; en - un - mot, je ne veux pas la forcer à se marier , mais je voudrais bien le lui persuader.

SCAPIN.

Air : *La boulangère.*

Cassandre, au vrai, votre tourment
N'est rien qu'une vétille ;
Courage , parlez seulement
En père de famille.
Ce qu'une fille de vingt ans
Craint, c'est de rester fille
Long-tems,
Oui, c'est de rester fille.

CASSANDRE.

Eh bien ! je veux aller la voir , avant de me coucher, et lui en reparler ; voulez-vous y venir avec moi, et me seconder.

SCAPIN.

Je suis prêt à faire tout ce qui peut être agréable à Gille et à vous.

CASSANDRE. = *Même air.*

De la marier promptement ,
Je sens que mon cœur grille ;
Venez soulager le tourment
D'un père de famille.
Ce que je crains dans mes vieux ans ,
C'est de garder ma fille
Long-tems,
C'est de garder ma fille.

(Ils sortent.)

SCÈNE SECONDE.

ARLEQUIN et ROSETTE *entrent par une petite porte secrette et basse, faite dans la boiserie.*

ARLEQUIN.

Eh bien ! Rosette, je vous ai tenu parole ; et sans qu'on vous ai vue, vous voilà dans la maison où demeure votre infidèle, ce coquin de Gille, qui vous a plantée là, et qui veut me prendre ma maîtresse.

ROSETTE.

L'ingrat m'a abandonnée, en emportant à-la-fois mon bien et mon cœur.

ARLEQUIN.

Votre bien, c'est sa faute ; mais votre cœur, c'est la vôtre : pourquoi l'aviez-vous si mal placé.

ARLEQUIN.

Sait - on jamais ce qu'on en fait ? Mais, mon cher Arlequin, vous avez eu une excellente idée de louer pour moi la chambre qui est si près de celle-ci. Dites-moi, comment avez-vous pu faire faire cette porte secrette, pour passer d'une maison dans l'autre.

ARLEQUIN.

Lorsque Cassandre m'a chassé, il m'a été obligé de me laisser finir le dernier mois du quartier que j'avais payé ; moi, j'ai profité du tems qui me restait ; le voisin Géronte, qui est mon ami, et qui disposait de la chambre dont nous sortons, m'a aidé à ouvrir cette communication qui est si bien cachée que personne ne s'en doute. Pour éviter tous les soupçons , j'ai été faire un petit voyage ; ma bonne fortune vous a amenée dans la même voiture que moi ; nos malheurs communs nous ont rapprochés: et je viens tenter, s'il est possible , de r'avoir ma chère Argentine , et de vous rendre votre infidèle mari.

ROSETTE.

Je conviens que c'est un libertin , un mauvais sujet, mais que voulez-vous, il m'a ensorcelée.

Air de l'Officier de fortune.

Si Gille était plus raisonnable,
Peut-être il ne me plairait pas.
La raison est fort respectable ;
Mois la folie a plus d'appas.
L'amour qui maîtrise nos âmes ,
En aveugle lance ses traits ,

Et, souvent, les meilleures femmes
Aiment les plus mauvais sujets.

ARLEQUIN.

Argentine n'est pas comme vous , elle n'aime pas les mauvais sujets : elle n'a jamais aimé que moi. Oh ! ma douce Argentine , ma chère Argentine ! me voilà donc près de toi. Il me semble qu'on ne respire bien que dans les lieux où tu habites.

Air : *Vous m'ordonnez de la brûler.*

Dans un bois , sur un gazon frais ,
    Si le soir on repose ,
Sans les voir , on sent qu'on est près
    D'un lys ou d'une rose.
Ainsi, près de toi, ranimé,
    Je sens , dans mon délire ,
Qu'ici ta bouche a parfumé
    Tout l'air que je respire.

ROSETTE.

Ah ! je ne dirai pas tant de douceurs à mon perfide ! si je le voyais, je crois que je l'étranglerais.

ARLEQUIN.

Diable ! mais c'est ce qui s'appelle aimer à la rage. Au-reste , étranglez - le , si cela vous est agréable , ou reprenez-le : pourvu que vous m'en débarrassiez , tout cela m'est fort égal.

ROSETTE.

Comment ferons-nous ; à quoi nous sert d'être ici , puisqu'il vous est défendu de vous y montrer , et que mon divorce ne m'y laisse aucuns droits. L'avarice vous en a chassé....

ARLEQUIN.

Mais l'amour m'y ramène ; et nous avons déjà un grand avantage , c'est que , cachés derrière cette cloison, nous entendrons tout ce qu'on dit ici.

ROSETTE.

Il n'est pas trop honnête d'écouter aux portes.

ARLEQUIN.

C'est la faute de ceux qui nous y ont mis. Il nous aurait été bien plus commode de retrouver ma chambre occupée par Argentine , au - lieu de son père ; mais je viens toujours d'y gagner beaucoup , en apprenant qu'elle m'est fidelle , et qu'elle m'aime mieux mort, que Gille vivant. C'est-il , cela, de la fidélité ? J'en demande bien pardon à toutes les femmes de la ville , mais il n'y en a pas beaucoup comme mon Argentine.

ROSETTE.

Je voudrais bien pouvoir en dire autant
de mon ingrat ; mais. . . .

AIR : *des deux Jumeaux.*

On sait bien qu'à toutes les belles
Les hommes jurent tendrement
Jusqu'au tombeau d'être fidèles ;
Mais ils écrivent ce serment
Sur le sable ou l'onde légère :
Le vent souffle , il n'en reste rien.

ARLEQUIN.

Mon Argentine , plus sincère ,
Dans mon cœur a gravé le sien.

ROSETTE.

D'après ce que nous venons d'entendre ,
il me paraît que tout le monde à Bergame
vous croit mort ; moi je ne savais pas que
cet accident - là vous fût arrivé.

ARLEQUIN.

C'est le docteur qui a mandé de Marseille
cette belle nouvelle , et si elle n'est pas vraie ,
ce n'est pas sa faute.

AIR *des cinq voyelles.*

Ce médecin
Inhumain ,
Assassin ,

Me fit presque mourir de faim.
Je touchais à ma fin :
Au-lieu d'une maladie,
J'en eus, grâce à son génie,
Trois qu'il me donna ;
Il me saigna,
Me baigna,
Me purgea ;
Et par son quinquina,
Si bien m'empoisonna,
Qu'il vit mon corps qui se glaça,
Et pour mort me laissa.

ROSETTE.

Et vous avez eu l'audace de ne pas vous soumettre à son arrêt.

ARLEQUIN.

Oh ! dès que le docteur m'a abandonné, la santé m'est revenue ; mais si je n'épouse pas Argentine, je mourrai tout de bon, comme si je n'avais pas quitté le docteur.

ROSETTE.

Mais pour y parvenir, il serait bien nécessaire de vous confier à quelqu'un.

ARLEQUIN.

Je voulais d'abord confier ma résurrection et mon retour à mon ami Scapin ; mais d'après ce que nous avons entendu, je ne sais plus trop si Scapin est toujours mon ami , car il me paraît un peu trop l'ami de Gille, qui n'est pas du tout mon ami.

ROSETTE.

On me croit morte tout comme vous ; et si nous ne parlons à personne , il vaudrait autant que nous fussions morts tout-à-fait.

ARLEQUIN.

Air *du vaudeville de Figaro.*

A ma maîtresse gentille ,
Malgré son sexe indiscret ,
Sans craindre qu'elle babille ,
Je confierais mon secret.
Car je sais que toute fille ,
Mieux qu'une autre garde bien
Un secret , quand c'est le sien.

ROSETTE.

Mais comment parvenir à la voir sans nous faire voir par. d'autres.

ARLEQUIN.

Au moyen de notre cachette, je puis tout essayer sans rien risquer, Cassandre est peut-être sorti de chez sa fille , et se sera arrêté chez Scapin qui loge sur le quarré ; la chambre d'Argentine est au-dessus de celle-ci. Si je tâchais, par la cheminée, de lui faire entendre ma voix ; si elle est seule , elle descendra, et je lui parlerai ; si elle n'est pas seule, nous nous cacherons : ils ne trouveront personne, et nous nous divertirons de leur embarras.

ROSETTE.

Bon ! comme ils nous croyent morts, ils auront une peur terrible : ce sera toujours un commencement de vengeance.

ARLEQUIN *(près de la cheminée)*.

Air de la baronne.

Mon Argentine,
Tu pleures mon malheureux sort.
Mais ta grâce douce et divine
Fera bientôt revivre un mort,
Mon Argentine.

ROSETTE.

Elle n'entendra sûrement pas les paroles ; mais elle reconnaîtra la voix.

(On entend du bruit).

ROSETTE ET ARLEQUIN.

Air : de la Monaco.

On va descendre,
J'entends du bruit.
A nos vœux vient-elle se rendre.
Hélas ! Cassandre,
Je crois, la suit.
Je sens mon espoir qui s'enfuit.

ARLEQUIN. == *Suite de l'air.*

Qu'il est cruel , quand on espère
D'avoir un tête-à-tête heureux ,
De le voir troublé par un père.
On est si bien lorsqu'on est deux !

ARLEQUIN ET ROSETTE.

La reprise de l'air.

On va descendre ,
J'entends du bruit :
Cachons-nous , son père la suit.

(*Ils sortent*).

SCÈNE TROISIÈME.

CASSANDRE, ARGENTINE, GILLE, et SCAPIN.

ARGENTINE.

Air : *Ah ! le bel oiseau.*

Ah ! c'est la voix d'Arlequin ,
Mon cœur ne peut s'y méprendre ;
Vous le nierez tous en-vain ,
C'est bien la voix d'Arlequin.

SCAPIN. = *Même air.*

Quoi , vous croyez qu'Arlequin
Etant mort peut vous entendre ?

GILLE (*à part*) *Même air.*

C'était un son féminin :
La peur commence à me prendre.

ARGENTINE. = *Même air.*

Arlequin, cher Arlequin.

CASSANDRE. = *Même air.*

Moi je n'y puis rien comprendre.

ARGENTINE. = *Même air.*

Arlequin, cher Arlequin.

CASSANDRE. = *Fin de l'air.*

Vous voyez qu'on ne voit rien.

ARGENTINE.

Serait-ce une illusion? Il me semble encore que je l'entends.

SCAPIN.

Pur effet de l'imagination : on croit toujours voir et entendre par-tout ce qu'on aime.

GILLE (*à part*).

Et ce qu'on n'aime pas, aussi ; car j'ai cru entendre la voix de ma femme.

CASSANDRE.

Je ne suis pas homme à m'épouvanter facilement ; mais cette voix m'a frappé, comme ma fille.

SCAPIN.

Comment voulez-vous qu'on chante quand on est mort ? Aurez-vous tout de bon la faiblesse de croire aux revenans ?

CASSANDRE.

C'est un sujet sur lequel il n'est pas sage de plaisanter ; vous autres incrédules, vous ne croyez à rien, et moi je crois à tout.

Air du vaudeville d'Épicure.

De l'enfer et du purgatoire
On a bien vu des revenans.
On m'en a conté mainte histoire
Que l'on croyait au bon vieux tems ;
Aujourd'hui l'on n'y croit plus guères ;
Vous pensez être bien savans :
Pourtant auprès de vos grands pères
Vous n'êtes tous que des enfans.

GILLE.

Ah ! quant à vos histoires de revenans, je ne dis pas que je ne les crois pas, mais je dis que je ne les aime pas.

ARGENTINE.

Je voudrais bien qu'il fût possible de revenir de l'autre monde, et pourvu que je ne fusse pas toute seule, rien ne serait si doux que de voir l'ombre de mon cher Arlequin.

GILLE.

Ce que vous dites là, Mademoiselle, n'est pas honnête ; quand vous avez un amant tourné comme moi, pouvez-vous vous amuser à dire des douceurs à un mort ; mais, patience....

Air des Visitandines.

Argentine, je dois vous plaire ;
Arlequin était noir et laid,
Et moi, vous voyez au contraire,
Que je suis blanc, jeune et bien fait.
Que je suis bien mieux votre fait.
Eh ! que ferait son cœur du vôtre ?
Puisqu'il n'est plus, sans contredit,
Qu'une ombre vaine, qu'un esprit.

ARGENTINE. = *Même air.*

Et vous n'êtes ni l'un ni l'autre.

CASSANDRE.

En vérité, je ne conçois rien à tout ce qui vient d'arriver ; cette voix m'inquiette ; d'où peut-elle venir ? Je crois que ce malheureux Arlequin a juré de ne me pas laisser un moment de repos.

GILLE.

AIR : *Ne v'la-t-il pas que j'aime.*

Ce diable d'Arlequin a tort,
  Il est trop indocile ;
Car son métier, puisqu'il est mort,
  Est de rester tranquille.

SCAPIN.

Il ne l'est que trop , le pauvre homme , et c'est la peur qui vous agite.

CASSANDRE.

Je n'ai pas peur , mais j'aime à tout approfondir , et je ne dormirai pas en repos , que je n'aye bien examiné ce qui peut avoir causé ce bruit surprenant.

ARGENTINE.

Vous avez raison , mon père : ce que nous avons entendu n'est pas naturel , et il y a sûrement quelque mystère là-dessous.

CASSANDRE.

Je n'y puis plus tenir ; venez ma fille , prenez une lumière , voyons s'il n'y a personne autour d'ici.

SCAPIN.

C'est une promenade bien utile , en vérité.

Air : *Va-t-en voir s'ils viennent , Jean.*

Désirez-vous , mon ami ,
Pendant votre absence ,
Sous le lit , qu'on cherche ici.

CASSANDRE. = *Même air.*

Mais , d'honneur , j'y pense.

GILLE. = *Même air.*

Chez moi j'y regarde aussi,
Le soir, par prudence.

SCAPIN *(pendant qu'Argentine et Cassandre sortent).*

Va-t-en voir s'ils viennent, Jean.
Va-t-en voir s'ils viennent.

SCÈNE QUATRIÈME.
GILLE et SCAPIN.

GILLE.

Ma foi, je suis bien aise de te trouver un moment seul : sais-tu bien que j'ai cru entendre la voix de ma femme ; j'en tremble encore.

SCAPIN.

L'imbécile ! il y a cinq ans que tu n'en as entendu parler : elle est sûrement morte ; crois-tu qu'une femme revienne de l'autre monde pour courir après son mari.

GILLE.

Ma foi, pour le faire enrager, cela serait peut-être possible ; mais, à-propos, je veux te laver la tête.

S C A P I N.

Je te le rendrai ; que me reproches-tu ?

G I L L E.

De me beaucoup promettre, et de ne me rien tenir.

S C A P I N.

Je te promets ce que tu veux, et je tiens ce que je peux.

G I L L E.

Mais pendant que tu promets, je te donne, moi : tu me fais dépenser un argent du diable, en pure perte, dans tous les cabarets de la ville, et tu n'as encore rien fait pour moi.

S C A P I N.

Comment, je n'ai rien fait pour toi ; n'ai-je pas soutenu à Cassandre que tu n'avais jamais été marié ? Ne t'ai-je pas débarrassé de ton rival Arlequin ? Ne lui ai - je pas caché adroitement ses mille écus, qu'on ne lui aurait restitués qu'après ton mariage, s'il ne fût pas mort ? Ne l'ai-je pas fait chasser d'ici ? Tu ne sais pas plaire à ta maîtresse : veux-tu que je lui plaise pour toi ?

G I L L E.

Mais je plais au père ; n'est-ce pas à-peu-près là même chose ?

SCAPIN.

Oui, si c'était à-peu-près lui que tu voulusses épouser.

GILLE.

Mais Scapin, il faut absolument que j'épouse Argentine. Comment y parviendrons-nous ?

SCAPIN.

Mon ami, ce qu'on ne peut obtenir par la persuasion, il faut l'avoir par la force.

GILLE.

Pardi, c'est un drôle de moyen ; tu veux peut-être que je batte mon beau-père, pour devenir son gendre.

SCAPIN.

Air de Calpigi.

Et non, tu ne peux me comprendre ;
Crois-moi, pour obliger Cassandre
A consentir à ton bonheur,
Il ne faut que lui faire peur.   *bis.*

GILLE. = *Même air.*

La peur, souvent on me la donne,
Moi, je ne la donne à personne.

SCAPIN. = *Même air.*

Si ce n'est à l'objet charmant
A qui tu déplais constamment.   *bis.*

GILLE.

Eh bien ! que veux-tu dire avec ta peur ?

SCAPIN.

La peur est un sentiment auquel Cassandre est fort sujet ; ce qui vient de se passer me le prouve et me fournit une idée qui peut-être pourra faire terminer ton affaire ce soir.

GILLE.

Diable ! j'étais si fâché contre la peur ; je ne croyais pas qu'elle pût faire de si belles choses.

SCAPIN.

Comment, elle fait tout dans le monde, et de tout tems. Ecoute-moi. Dès que Cassandre sera couché, il faut que tu entres dans sa chambre, qu'il te prenne pour le le fantôme d'Arlequin, et que tu lui ordonnes de marier sa fille avec Gille. Conçois-tu la beauté de mon projet ?

GILLE.

Comment veux - tu que Cassandre me prenne pour un fantôme ?

SCAPIN.

Air : *Messieurs, faites attention.*

Couvre ton corps d'un grand drap blanc,
Et de noir barbouille ta face ;

Contrefais bien d'un revenant
L'effrayante et sombre grimace ;
Imite les gémissemens
Ou du Moine, ou des Pénitens,
Ou d'un autre conte apocriphe ;
Prends le ton, la griffe
Et les traits
De tous les spectres de Radcliffe,
Enfin, l'air d'un roman Anglais.

GILLE.

C'est fort bien imaginé, mais j'y vois deux grands obstacles ; le premier, c'est que, la nuit, Cassandre ferme sa porte, et que je ne puis pas entrer par la serrure ; en second lieu,

AIR : *Je n'saurais danser.*

J'ai peut-être tort,
Mais puisqu'il faut vous le dire,
Je répugne fort
A Jouer ainsi le mort.
On prétend qu'un mort
N'aime pas beaucoup à rire,
Et je craindrais fort
De mettre en colère un mort.

SCAPIN. = *Même air.*

Fais donc quelqu'effort,
Sur toi prends un peu d'empire ;
Pour changer ton sort,
Il faut bien faire le mort.

Ah ! crois-moi, d'un mort
Sans nul danger l'on peut rire ;
Tu trembles à tort,
Car rien n'est plus doux qu'un mort.

GILLE.

Je craindrais que ce jeu-là ne me portât malheur.

SCAPIN.

Pauvre cervelle ! Je te répondrai d'abord que j'ai la clef d'Arlequin, et qu'ainsi tu pourras entrer ici sans difficulté ; ensuite je te dirai que ton autre objection n'a pas le sens-commun ; il n'y a pas de revenans.

GILLE.

Comment, il n'y a pas de revenans ?

SCAPIN.

AIR : *L'amitié vive et pure.*

Ici, chacun espère,
Ou de crainte est agité :
Tout homme est, sur la terre,
Tourmentant ou tourmenté ;
Mais, dans une paix profonde,
Un mort toujours se maintient ;
On est bien dans l'autre monde,
Car jamais on n'en revient.

GILLE.

Allons, tu me décides, je ferai ce que

tu voudras, d'autant plus que le danger ne sera pas si grand que je l'imaginais.

SCAPIN.

Tu commences à te le persuader.

GILLE.

Air *du Balet des Pierrots.*

Je crois ce que de savans hommes
Sur ce point important ont dit :
On ne voit jamais de fantômes,
Que lorsqu'on est tout seul la nuit ;
Or, c'est ce qui me détermine,
Pour moi rien n'est moins dangereux ;
Car, étant l'époux d'Argentine,
Toutes les nuits nous serons deux.

SCAPIN.

Je ne vois pas d'autres moyens pour toi d'obtenir la main de ta maîtresse....

GILLE.

Et l'héritage de Cassandre. Cette idée me décide. Mais ils sont bien long-tems à revenir.

SCAPIN.

Cassandre ne se rassure pas facilement ; il faut le chercher et le ramener ici.

GILLE.

Air : *Allons-nous-en, gens de la noce.*

Allons-nous-en chercher Cassandre,
Faisons-le coucher promptement.

Après , j'irai bien vîte prendre
La figure d'un revenant.
Cassandre pourra s'y méprendre ,
Tant le portrait sera parlant ;
Un ton dolent ,
Un pas bien lent.
Allons-nous-en chercher Cassandre ,
Puis je reviens en revenant.

SCAPIN. — *Même air.*

Allons-nous-en chercher Cassandre ,
Puis tu reviens en revenant.

Ils sortent tous deux.

SCÈNE CINQUIÈME.

ARLEQUIN seul (*entrant par la porte secrette*).

Sangodimi ! comme ces drôles - là sont méchans !

AIR : *V'là ce que c'est que d'aller au bois.*

Ah , quel coquin ,
Que ce Scapin !
Comme il te trahit , Arlequin !
Après t'avoir volé ton bien ,
Voulant , par adresse ,
Voler ta maîtresse ,
Il veut que Gille , autre larron ,
Vole ta figure et ton nom.

Ah ! quel plaisir
De les punir ;
Hélas ! comment y parvenir ?
Ah ! je ne puis plus y tenir ;
Cédons à ma rage ,
Faisons grand tapage ,
Et reprenons à ce vaurien
Mon nom, ma figure et mon bien.

Doucement ; je fais une réflexion ; il ne s'agit pas seulement de montrer que je suis vivant et amoureux : ce serait bien assez pour ma chère maîtresse , voilà toute la richesse qu'elle me veut ; mais son père n'est pas si tendre qu'elle ; il est indispensable qu'il croye que je ne suis pas ruiné , comme il l'a cru quand il m'a chassé ; il faut que je lui prouve que Scapin a mon argent. Mais le drôle le nierait, à-coup-sûr ; je n'ai pas de témoin, et le fripon me ferait passer pour un menteur... Diable ! ceci est bien embarrassant... Comment le forcer à tout avouer ; c'est une cruelle position que la mienne ! Si je me montre, on me chasse ; si je ne me montre pas , on se sert de mon nom pour me ravir mon Argentine..... Que faire ?.... Il me vient une idée..... Allons y réfléchir avec Rosette ; on vient ici.... Amour ! amour ! prends pitié du pauvre Arlequin.

(Il sort).

SCÈNE SIXIÉME.

CASSANDRE, ARGENTINE, GILLE,
et SCAPIN.

SCAPIN.

Eh bien ! vous ne m'avez pas cru : vous avez fait une pauvre chasse, et vous êtes bien content de n'avoir pas trouvé ce que vous cherchiez.

CASSANDRE.

C'est bien extraordinaire ; cependant mes oreilles ne m'ont jamais trompé.

SCAPIN.

Et vos oreilles sont fameuses dans Bergame.

CASSANDRE.

J'avais clairement entendu quelque chose.

ARGENTINE.

On dira ce qu'on voudra, il est certain que j'ai entendu la voix d'Arlequin.

GILLE.

C'est que vous ne voyez que lui ; c'est que vous n'entendez que lui : comme vous êtes ingrate ; et moi, quand je vous parle, vous ne m'entendez pas.

ARGENTINE.

Je n'entends que ce qui parle à mon cœur ;
Arlequin seul avait ce secret , et vous ne
l'aurez jamais.

SCAPIN.

Je vois que ma petite voisine a de l'hu-
meur , et comme je ne veux pas lui déplaire ,
je vais lui souhaiter le bon soir.

(Il veut s'en aller avec Gille ; Cassandre l'arrête).

CASSANDRE.

Air : *Triste raison.*

Reste , Scapin , reste , je t'en conjure ;
Veillons au—moins la moitié de la nuit.
Il est minuit , bientôt c'est , on l'assure ,
Justement l'heure où paraît un esprit.

SCAPIN. — *Même air.*

Il est encore une chose plus sûre ;
Minuit est l'heure où l'on doit être au lit.

SCAPIN.

Ecoutez, monsieur Cassandre. Si par ha-
sard le diable venait cette nuit vous tour-
menter , appelez-moi ; au moindre bruit je
suis à vous dans l'instant.

CASSANDRE.

Mon pauvre petit Gille , reste avec moi,
je t'en supplie.

ARGENTINE.

Cessez , mon père , de faire cette demande

à Gille ; moi, je resterai près de vous, et je dormirai dans le fauteuil.

(Gille et Scapin sortent).

SCÈNE SEPTIÈME.

CASSANDRE, ARGENTINE.

CASSANDRE.

Ah ! ma fille, je te remercie ; mais cette complaisance te fatiguera.

ARGENTINE.

Non, mon père ; si vous êtes inquiet, je vous avouerai que je ne suis pas trop rassurée.

Air : *Je crains de lui parler la nuit.*

Cette voix pénètre mon cœur,
Et de plaisir et de frayeur ;
J'éprouve un trouble extrême,
Et je sens malgré moi,
Je sens mon cœur qui bat, qui bat,
Je ne sais pas pourquoi.

CASSANDRE.

Eh bien ! reste mon enfant.

Même air.

Tu diminueras ma terreur,
Car franchement je meurs de peur ;

J'en suis déjà tout blême ;
Je sens tout comme toi ,
Je sens mon cœur qui bat , qui bat ,
Et je sais bien pourquoi.

ARGENTINE.

Je serai fort bien ici près de vous.

CASSANDRE.

Quoique tu me rassures un peu , je n'oserai cependant pas me déshabiller , et je vais me mettre sur mon lit comme je suis.

ARGENTINE.

Moi , je vais fermer cette porte , et nous causerons ensemble jusqu'à ce que vous dormiez.

Argentine ferme la porte , et s'assied dans un fauteuil. Cassandre met son bonnet de nuit , et se jette sur son lit.

CASSANDRE *(effrayé)*.

Ma chère Argentine , n'entends - tu pas quelque bruit ?

ARGENTINE *(tremblante)*.

Eh ! mon Dieu, que vous me faites peur... Mais non , je n'entends rien.

CASSANDRE.

Eh bien ! mon enfant, pour chasser ces tristes idées , chante-moi , je te prie , quelque chanson.

ARGENTINE.

Volontiers , quoique je sois bien peu en état de chanter. *(à part.)* Je vais chanter cette chanson que ce pauvre Arlequin m'a envoyée quelques jours après son départ.

Air : *Vivre sans amour.*

Adieu mes amours ,
Je pars plein de tristesse ;
Adieu mes amours ,
Sans vivre , je vais passer mes jours.
Je paye un doux instant d'ivresse ,
Par des siècles d'ennuis et de douleurs.
Hélas ! en partant je te laisse
Et mon esprit, et mes sens , et mon cœur ;
Oui je n'ai loin de toi ,
Presque plus rien de moi.
Adieu mes amours ,
Je pars plein de tristesse ;
Adieu mes amours ,
Sans vivre je vais passer mes jours.

Il me semble que mon père est endormi ; je sens aussi le sommeil qui m'accable ; je ne puis plus y résister.

Elle s'endort.

ARLEQUIN *entre doucement, pour s'approcher d'Argentine , et voyant de l'autre côté du Théâtre , qu'on ouvre la porte , il se sauve en disant :*

Ciel ! on ouvre ; cachons - nous !

SCÈNE HUITIÉME.

LES PRECEDENS, endormis. GILLE, *en fantôme, avec un masque noir, un grand drap blanc, et un flambeau, entre doucement, referme la porte, souffle la lumière, et lorsqu'il est au milieu de la chambre, il dit:*

GILLE.

Cassandre, Cassandre, écoute-moi.

ARGENTINE *se réveille, crie, et paraît saisie.*

Ciel! ô ciel! que vois-je? c'est l'ombre d'Arlequin.

CASSANDRE, *se réveillant en sursaut, et frappant contre la cloison.*

Scapin, Scapin, au secours, le diable est ici.

Le fantôme approche du lit de Cassandre, qui vient tomber à genoux près du fauteuil d'Argentine.

CASSANDRE.

Je suis perdu!

SCÈNE NEUVIÉME.

LES PRÉCEDENS, SCAPIN.

GILLE.

Cassandre, Cassandre, écoute-moi.

` *Scapin en entrant voit le fantôme, contrefait l'ef-*
frayé, et court rapidement se jeter sous le fau-
teuil où est Argentine.

SCAPIN.

(bas).　　　*(haut).*
Bravo ! Gille.　Miséricorde ! c'est un revenant.

GILLE.

Air *du Cantique de S.-Roch.*

Dans les enfers depuis long-tems je grille,
Tu vas calmer où partager mes maux;
De mes péchés la cause fut ta fille :
Seule elle doit me rendre le repos.
　　Il faut, Cassandre,
　　Prendre pour gendre,
　　Gille que j'ai
Trop long-tems outragé.

SCAPIN.

Air *des Trembleurs.*

Ah ! craignez de lui déplaire;
Vite il faut le satisfaire.

CASSANDRE. = *Même air.*

Je crois voir s'ouvrir la terre ,
Je succombe à ma frayeur ;
Ma fille , sauve ton père.

ARGENTINE. = *Même air.*

Je meurs d'effroi , de colère.
Mais quoique l'on puisse faire ,
Gille n'aura point mon cœur.

GILLE.

Tremblez ! je vais tourner trois fois autour de vous , et si avant que j'aye fini le troisième tour , vous n'avez pas juré de faire ce que je vous demande..... je vous emporte tous les trois.

Il commence le premier tour, à pas lents.

CASSANDRE (*tremblant*).

Malheureuse , tu me perds !

SCAPIN.

Ayez donc pitié de nous !

ARGENTINE (*tremblante*).

Il me tuera s'il le veut.

TOUS TROIS ENSEMBLE mettant leurs
mains devant leurs yeux.

Hélas ! c'est fait de nous.

SCÈNE DIXIEME.

ARLEQUIN, *LES PRECEDENS.*

Au moment où Gille passe devant la porte secrette, Arlequin, en fantôme, en sort, se glisse derrière lui et tourne de l'autre côté du théâtre, sans en être apperçu. Quand Gille a fini son premier tour, il se trouve nez à nez devant Arlequin.

GILLE, *tombant à genoux.*

Ah ! mon dieu, que vois-je ? c'est le mort ; je suis enterré.

Cassandre et Argentine se précipitent à l'autre bout du théâtre ; Scapin s'y roule après eux.

CASSANDRE.

Aye ! aye ! aye ! la peur m'y fait voir double.

SCAPIN.

C'est le vrai mort ou le diable.

ARGENTINE.

Comment, deux Arlequins ?

ARLEQUIN.

Air de la gamme montante et descendante.

Sur les morts tu veux plaisanter,
Moi je reviens pour t'emporter.

ARGENTINE, *voulant courir à lui, est retenue par son père.*

C'est bien Arlequin ; quel mélange de crainte et d'espérance.

GILLE (*à genoux*).

Ah ! dites-moi de grâce ce qu'il faut que je fasse pour vous appaiser.

ARLEQUIN.

Il faut que tu reprennes ta figure de Gille, et que tu avoues que tu es un coquin.

GILLE.

Avec plaisir : est-ce-là tout ?

ARGENTINE.

Ah ! le traître.

ARLEQUIN.

Non, non, il faut encore que tu confesses que c'est le fripon de Scapin qui m'a pris mon argent.

GILLE.

Hélas ! oui, rien n'est plus vrai.

CASSANDRE.

Comment, coquin !

SCAPIN.

Grâce, miséricorde, je n'y ai pas touché, je le rendrai tel qu'il était.

ARGENTINE *voulant encore courir auprès d'Arlequin, son père la retenant toujours.*

Ah ! mon père, voudrez - vous toujours me séparer de lui.

GILLE.

Tout est fini, je l'espère ; que voulez-vous de plus ?

ARLEQUIN.

A-présent, pour te punir, j'ai promis de te livrer à un esprit plus méchant que moi ; paraissez.

SCÈNE ONZIEME.

ROSETTE *voilée*, *LES PRECEDENS.*

Rosette sort subitement de la porte secrette.

ARLEQUIN.

Tenez, voilà un malheureux que je vous abandonne.

CASSANDRE.

Encore un revenant !

ARGENTINE.

Que vois-je ?

SCAPIN.

C'est une légion de démons.

Rosette jette son voile et saute à la gorge de Gille.

GILLE.

Ah ! bon dieu , c'est le diable , ou c'est ma femme.

SCAPIN , ARGENTINE , CASSANDRE.

Sa femme !

ROSETTE.

Ah ! parjure , perfide , infidèle , traître , scélérat , monstre !

GILLE.

Je suis mort.

ROSETTE.

Et moi je ne suis pas morte. Mais nous vivrons ou nous mourrons ensemble : choisis.

GILLE.

Je ne balance pas. (*Il l'embrasse*).

Pendant ce dialogue , Arlequin a couru vers Argentine , en passant sous le bras de Cassandre.

ARLEQUIN.

Mon Argentine , tout ceci n'est qu'un jeu ; mais ce jeu deviendrait une réalité , si Cassandre ne veut pas me donner ta main.

ARGENTINE.

J'allais mourir de chagrin ; je crains à présent de mourir de joie.

CASSANDRE.

Ouf ! Je respire ; j'ai eu une terrible frayeur. Arlequin, ces fripons nous ont trompés tous trois, et pour me venger d'eux, je te donne ma fille.

GILLE, *apportant de la lumière.*

Je n'en reviens pas ; c'est bien Arlequin lui-même. Voilà une belle journée : je perds ma maîtresse, et je retrouve ma femme !

ROSETTE.

Tu ne mérites pas ton bonheur.

ARLEQUIN *ramenant, par les oreilles, Scapin qui s'était caché sous les rideaux du lit.*

Gille était amoureux, je lui pardonne : mais pour le traître de Scapin, je veux le faire mettre en prison.

CASSANDRE.

Je ne m'y oppose pas.

SCAPIN.

Je suis anéanti.

ARGENTINE.

Non, mon ami, nous sommes trop heureux pour garder quelques ressentimens.

ROSETTE.

Je te demande sa grâce.

ARLEQUIN.

Eh bien ! je lui pardonne , pour lui prouver que

Air :

Ces esprits dont on nous fait peur ,
Sont les meilleurs gens du monde.

VAUDEVILLE.

CASSANDRE.

J'en conviens , c'est une folie
De croire , au gré de son désir ,
Lorsque l'on a quitté la vie ,
Qu'on peut encore y revenir ;
Mais je voudrais , dans ma vieillesse ,
Qu'au-moins les jours de mon printems
Et les plaisirs de ma jeunesse ,
Fussent par-fois des revenans.

SCAPIN.

Je suis dans un courroux extrême ,
J'ai perdu mes soins et mon tems.
Un trompeur qu'on trompe lui-même ,
Voit chacun rire à ses dépens ;
Ma conduite est digne de blâme ,
Je le vois trop bien , et je sens
Que les remords au fond de l'âme
Sont de terribles revenans.

ROSETTE.

Nous sommes, par un tour d'adresse ;
Revenus à propos ici ;
Arlequin reprend sa maîtresse,
Et moi je reprends mon mari.
Que ces exemples vous consolent,
Vous qui pleurez des inconstans,
Parmi les amours qui s'envolent,
Il est encor des revenans.

GILLE.

Ceux qui font naître des orages,
Sur eux les attirent toujours ;
Respectez donc les bons ménages,
Et laissez en paix leurs amours.
S'il vous semble doux et facile,
De brouiller des amans absens,
Vous risquez d'être, comme Gille,
Attrapés par des revenans.

ARGENTINE.

Que le plaisir chez nous vous guide,
C'est notre vœu le plus ardent ;
De cet écrit, l'auteur timide,
Craint de vous voir trop peu souvent.
Calmez la peur qui le domine,
Par quelques applaudissemens ;
De grâce imitez Argentine :
Aimez un peu les revenans.

ARLEQUIN.

Notre siècle est rempli de sages :
On le juge par leurs écrits ;
Et grâce à leurs doctes ouvrages ;
Nous ne croyons plus aux esprits ;
Mais s'il vous paraissait utile
De nous rendre un peu plus croyans ;
Revenez tous au Vaudeville ,
Nous faire croire aux revenans.

FIN.